もくじ

光村図書版 こくご 1ねん 準拠

きょうかしょの ないよう　　ページ

きょうかしょ 上

おはなしを たのしもう
よんで たしかめよう

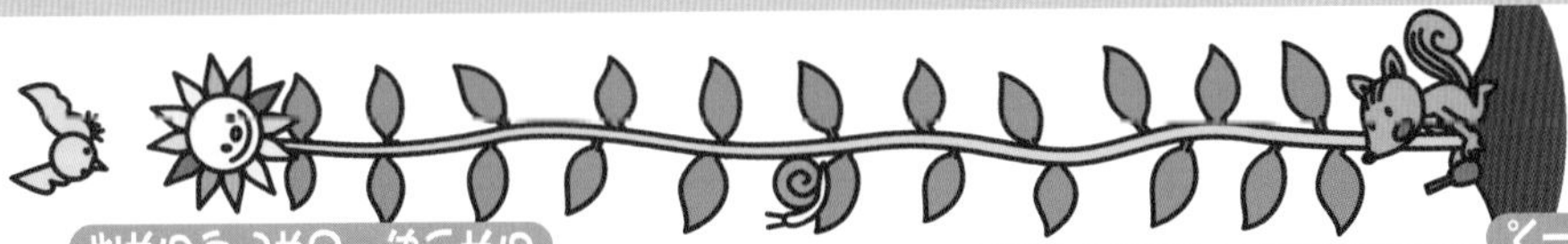

きょうかしょ 下

きほん 1

はるが きた なんて いおうかな

きょうかしょ㊤1～13ページ

がつ　にち

10ぷん　／100てん

1 えの ことばが よめたら、○に いろを ぬりましょう。
ひとつ20〔100てん〕

(1)

○はるが きた。

(2)

○うみが みえる。

(3)

○きが はえる。

(4)

○とりが とぶ。

(5)

○えを かく。

こたえは65ページ

かくにん 1

はるが きた なんて いおうかな

きょうかしょ㊤ 1～13ページ

がつ　にち

／100てん　10ぷん

1 えと あう ことばを ——で むすびましょう。

ひとつ20〔100てん〕

(1)  ・ ・ いただきます

(2)  ・ ・ おはよう

(3)  ・ ・ ごめんなさい

(4)  ・ ・ さようなら

(5)  ・ ・ ありがとう

こたえは65ページ

きほん 2

きょうかしょ㊤14〜23ページ

かく　こと　たのしいな
どうぞ　よろしく
うたに　あわせて　あいうえお

がつ　にち

10ぷん　／100てん

1 うすい　せんを　●から　◆に　むかって　なぞり、せんの　れんしゅうを　しましょう。〔100てん〕

こたえは65ページ

かくにん 2

きょうかしょ㊤14〜23ページ

がつ　にち

かく　こと　たのしいな
どうぞ　よろしく
うたに　あわせて　あいうえお

10ぷん

／100てん

1 つぎの　うすい　ひらがなを　なぞりましょう。

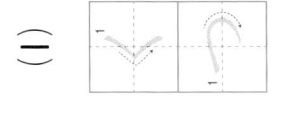

ひとつ20〔60てん〕

(1) くつ

(2) いちねん

(3) あいうえお

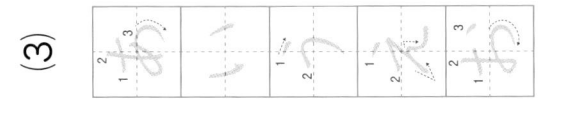

2 つぎの　ことばを　かきましょう。

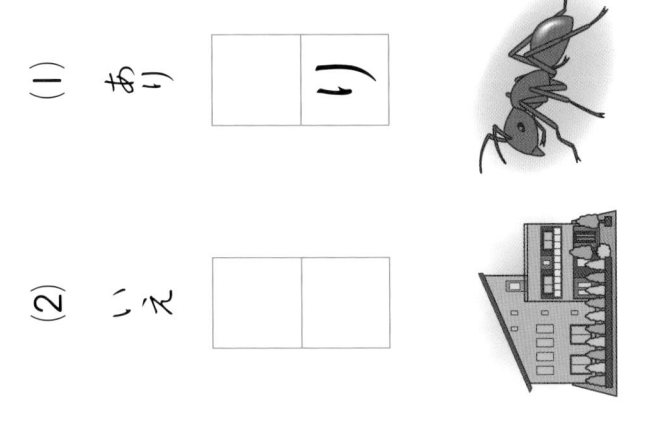

ひとつ20〔40てん〕

(1) あり　［　］り

(2) いえ　［　］［　］

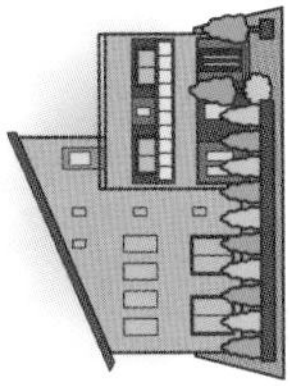

こたえは65ページ

きほん 3

ことばを　さがそう

きょうかしょ㊤28～29ページ

がつ　にち

10ぷん　／100てん

1 つぎの　うすい　ひらがなを　なぞりましょう。

ひとつ10〔30てん〕

(1) しか

(2) かき

(3) つり

2 ○の　じで　はじまる　ものを　さがして、――で　むすびましょう。

ひとつ14〔70てん〕

(1) あ　・　・ 

(2) い　・　・ 

(3) う　・　・ 

(4) え　・　・ 

(5) お　・　・ 

こたえは65ページ

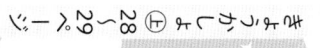

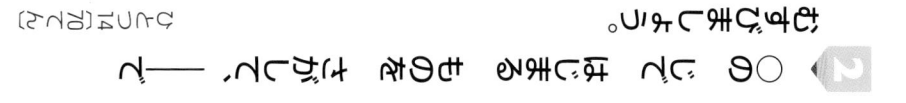

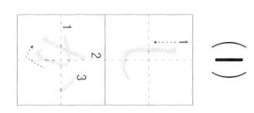

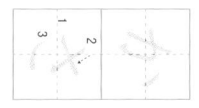

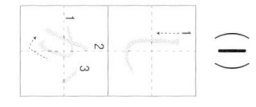

かくにん 3

ことばを さがそう

きょうかしょ㊤28～29ページ

がつ にち

／100てん 10ぷん

1 えを みて、□に あてはまる ことばを かきましょう。うすい じは なぞりましょう。 ひとつ10〔100てん〕

(1)
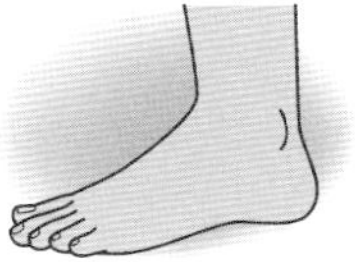
あ

(2)

(3)
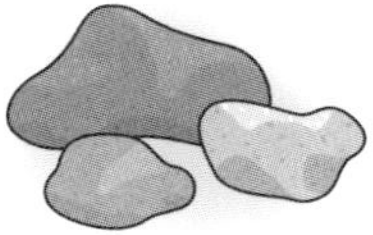
し

(4)

(5)

(6)
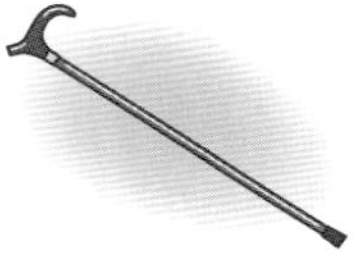
え

(7)

か

(8)

い

(9)
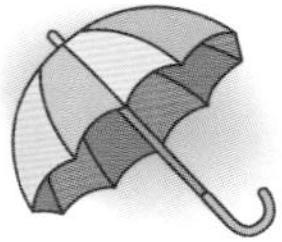
さ

(10)

い

こたえは65ページ

きほん 4

かきと　かぎ

きょうかしょ㊤40～41ページ

がつ　にち

10ぷん　／100てん

1 つぎの　うすい　ひらがなを　なぞりましょう。

ひとつ10〔40てん〕

(1) こい

(2) ふとん

(3) まる

(4) きりん

2 えと　あう　ことばを　——で　むすびましょう。

ひとつ10〔60てん〕

(1) 

(2) 

まと・まど

(3) 

(4) 

さる・ざる

(5) 

(6) 

かき・かぎ

こたえは65ページ

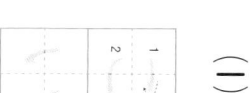

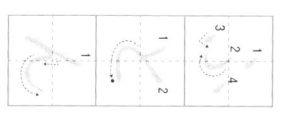

かくにん 4

かきと　かぎ

きょうかしょ㊤40～41ページ

がつ　にち

／100てん　10ぷん

1 えを　みて、□に　あてはまる　ことばを　かきましょう。うすい　じは　なぞりましょう。

ひとつ10〔100てん〕

(1)

□□

(2)

□□

(3)

ご ま

(4)

□□

(5)

ね □

(6)

う □□

(7)

か □

(8)

お □□

(9)

か □

(10)

□□ う

こたえは65ページ

きほん 5

ぶんを　つくろう

きょうかしょ㊤42～43ページ

がつ　にち

10ぷん　／100てん

1 つぎの　うすい　ひらがなを　なぞりましょう。

ひとつ10〔40てん〕

(1) はしる

(2) たぬき

(3) わらう

(4) からす

2 えと　あう　ぶんに　なるように、――で　むすびましょう。

ひとつ20〔60てん〕

(1) 

かえるが　・　　・ころぶ。　・はねる。

(2) 

とりは　・　　・とぶ。　・およぐ。

(3) 

わたしが　・　　・あるく。　・はなす。

こたえは66ページ

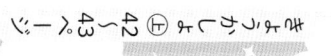

かくにん 5

ぶんを　つくろう

きょうかしょ㊤42〜43ページ

がつ　にち

／100てん　10ぷん

1 えに　あう　ことばを　□に　かきましょう。うすい　じは　なぞりましょう。

ぜんぶ　できて　ひとつ10〔40てん〕

(1)  ぬ　が　ほ　。

(2)  へび　が　ねむ　。

(3)  こ　が　く　。

(4)  う　が　べ　。

2 ふたつの　□から　ことばを　ひとつずつ　えらんで　ぶんを　つくり、□に　かきましょう。おわりには　まる(。)を　つけましょう。

ひとつ20〔60てん〕

こまが	とぶ
ふねは	うかぶ
はちが	まわる

こたえは66ページ

きほん 6

ねこと　ねっこ　わけを　はなそう

きょうかしょ㊤44～47ページ

がつ　にち

10ぷん　／100てん

1 つぎの　うすい　ひらがなと　まる（°）を　なぞりましょう。　ひとつ10〔40てん〕

(1) おに

(2) けいと

(3) もぐら

(4) でがみを　おくる。

2 ぶんに　なるように、ただしい　ほうに　○を　つけましょう。　ひとつ10〔30てん〕

(1) {㋐（　）まち　㋑（　）まっち} を　する。

(2) {㋐（　）ねこ　㋑（　）ねっこ} が　なく。

(3) はりの　{㋐（　）さき　㋑（　）さっき}。

3 ただしい　ほうに　○を　つけましょう。　ひとつ15〔30てん〕

(1) {㋐（　）きつね　㋑（　）きっね}

(2) {㋐（　）まつか　㋑（　）まっか}

こたえは66ページ

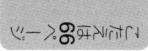

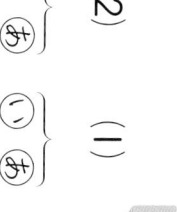

かくにん 6

ねこと ねっこ わけを はなそう

きょうかしょ㊤44〜47ページ

がつ　にち

10ぷん　／100てん

1 えを みて、□に あてはまる ことばを かきましょう。 ひとつ20〔60てん〕

(1)

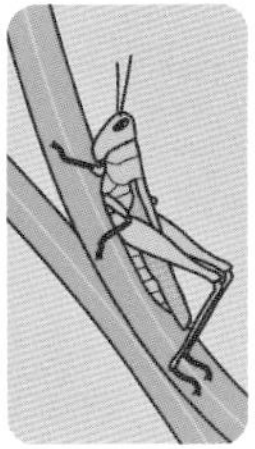

(2)

(3)

2 □に あてはまる ひらがなを かきましょう。 〔20てん〕

てに かばん□ もって あるく。

3 わけを はなします。（ ）に あてはまる ぶんに ○を つけましょう。 〔20てん〕

かさを もって いきました。どうしてかと いうと、（ ）。

あ（ ）あめが ふりそうだったからです。

い（ ）あめが ふりました。

こたえは66ページ

きほん 7

きょうかしょ㊤48〜49ページ

おばさんと　おばあさん　(1)

がつ　にち

10ぷん　／100てん

1 つぎの　うすい　ひらがなを　なぞりましょう。

ひとつ10〔20てん〕

(1) ろうか

(2) こうえん

2 ただしい　ほうに　○を　つけましょう。

ひとつ16〔80てん〕

(1) あ（　）まほお　い（　）まほう

(2) あ（　）ほおき　い（　）ほうき

(3) あ（　）ぼうし　い（　）ぼおし

(4) あ（　）もうふ　い（　）もおふ

(5) あ（　）とおふ　い（　）とうふ

こたえは66ページ

かくにん 7

おばさんと　おばあさん　(1)

きょうかしょ㊤48〜49ページ

がつ　にち

／100てん　10ぷん

1 えの　ひとたちの　よびかたを　かきましょう。うすい　じは　なぞりましょう。　ひとつ12〔72てん〕

(1) お か □ さ ん

(2) お ば □ さ ん

(3) お に □ さ ん

(4) お じ □ さ ん

(5) お ね □ さ ん

(6) お と □ さ ん

2 えを　みて、□に　あてはまる　ことばを　かきましょう。うすい　じは　なぞりましょう。　ひとつ14〔28てん〕

(1) お □ □ と

(2) い □ □ と

こたえは66ページ

きほん 8

おばさんと　おばあさん　(2)

きょうかしょ㊤48～49ページ

がつ　にち

10ぷん　／100てん

1 つぎの　うすい　ひらがなを　なぞりましょう。

ひとつ10〔30てん〕

(1) ゆうやけ

(2) やくそく

(3) まほう

2 ただしい　ほうに　○を　つけましょう。

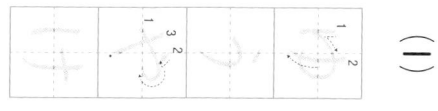

ひとつ14〔70てん〕

(1) ㋐（　）おとうと　㋑（　）おとおと

(2) ㋐（　）おねいさん　㋑（　）おねえさん

(3) ㋐（　）そおじ　㋑（　）そうじ

(4) ㋐（　）おうさま　㋑（　）おおさま

(5) ㋐（　）どおぶつ　㋑（　）どうぶつ

こたえは66ページ

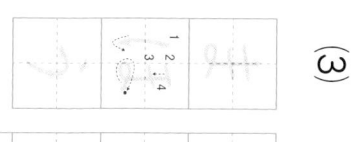

かくにん 8

きょうかしょ㊤48～49ページ

おばさんと　おばあさん　(2)

がつ　にち

／100てん　10ぷん

1 えを　みて、□に　あてはまる　ことばを　かきましょう。
うすい　じは　なぞりましょう。　ひとつ15〔30てん〕

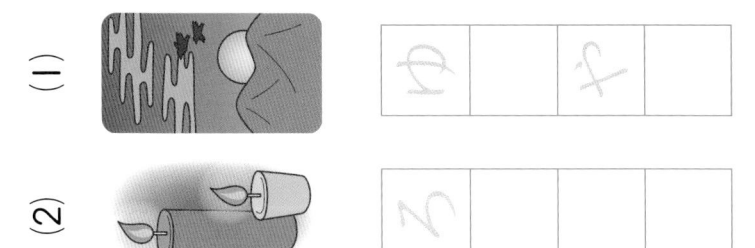

(1)

ゆ□や□

(2)

ろ□□□

2 えを　みて、□に　あてはまる　ことばを　かきましょう。　ひとつ20〔60てん〕

(1)

□□

(2)

□□せ□

(3)

□□□□

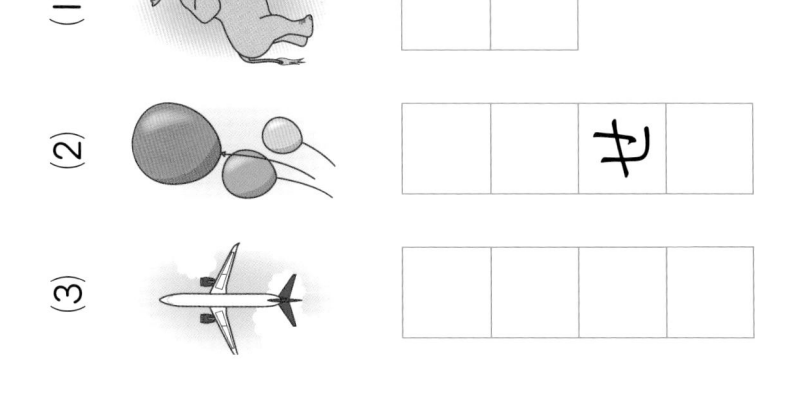

3 ただしい　ほうに　○を　つけましょう。　〔10てん〕

えき　{ あ（　）え / い（　）へ }　いく。

こたえは66ページ

きょうかしょ ㊤ 50〜53ページ

がつ　にち

あいうえおで　あそぼう

10ぷん

／100てん

1 つぎの　うすい　ひらがなを　なぞりましょう。

ひとつ10〔60てん〕

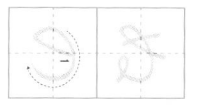

(1) あ め

(2) み せ

(3) な す

(4) よ む

(5) ぬ の

(6) す み れ

2 あいうえおの　ひょうを　たてや　よこに　よみます。
□に　あてはまる　ひらがなを　かきましょう。

ぜんぶ　できて　ひとつ10〔40てん〕

(1) たち□て□

(2) はひ□□ほ

(3) あか□た□□ま□ら□

(4) お□□とのほ□□ろ□

こたえは66ページ

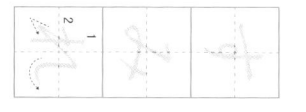

かくにん 9

あいうえおで　あそぼう

きょうかしょ㊤50～53ページ

がつ　　にち

／100てん　10ぷん

1 えを　みて、□に　あてはまる　ことばを　かきましょう。うすい　じは　なぞりましょう。

ひとつ10〔40てん〕

(1)  か□

(2) 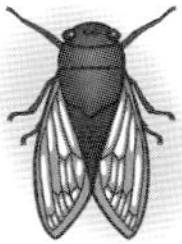 □み

(3)  □□

(4)  の□

2 えや　ものの　なまえが　しりとりで　つながるように、□に　あう　ことばを　かきましょう。

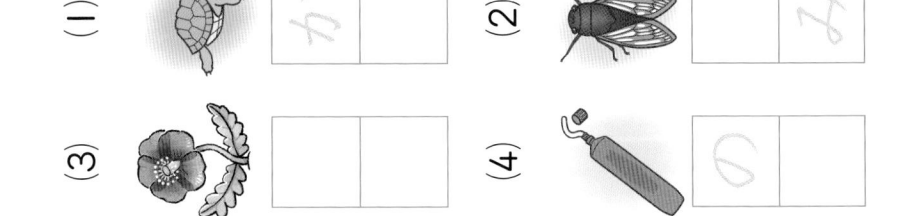

ひとつ15〔60てん〕

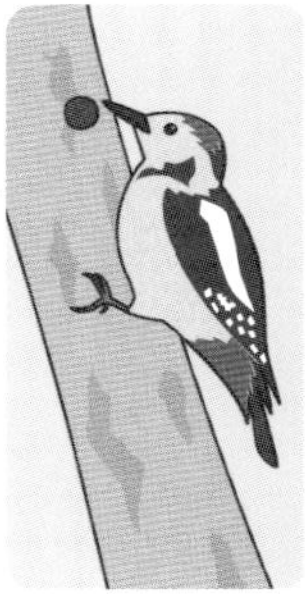 → (1) き□ね → (2) □□ →  →  → (3) □□□ →  → (4) □つ□

こたえは66ページ

おもちゃと　おもちゃ

きょうかしょ㊤62〜63ページ

がつ　にち

10ぷん　／100てん

1 えと　あう　ことばを　——で　むすびましょう。　ひとつ6〔36てん〕

(1)  ・　　・いしゃ・　　・いしや・　　・ (2) 

(3)  ・　　・びょういん・　　・びよういん・　　・ (4) 

(5)  ・　　・おもちゃ・　　・おもちや・　　・ (6) 

2 ただしい　ほうに　○を　つけましょう。　ひとつ12〔24てん〕

(1) ㋐（　）ちやわん
　　㋑（　）ちゃわん

(2) ㋐（　）しょうゆ
　　㋑（　）しようゆ

3 ちいさく　かく　ひらがなを　やっつ　みつけて、○で　かこみましょう。　ひとつ5〔40てん〕

(1) でんしや
(3) りようり
(5) がつしよう

(2) あくしゆ
(4) ちきゆう
(6) ちゆうしや

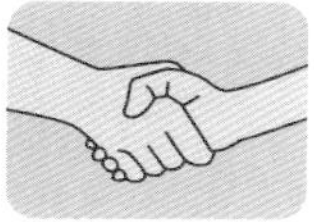

こたえは67ページ

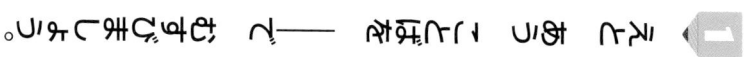

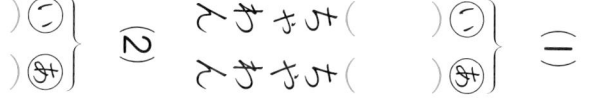

かくにん 10

おもちゃと　おもちゃ

きょうかしょ㊤62〜63ページ

がつ　にち

10ぷん

／100てん

1 まちがって　いる　じを　○で　かこんで、□に　ただしい　じを　かきましょう。

ぜんぶ　できて〔10てん〕

ねこが、ひやっぴき　います。

□

2 えを　みて、□に　あてはまる　ことばを　かきましょう。うすい　じは　なぞりましょう。

ひとつ15〔90てん〕

(1)

う□□□

(2)

し□□□

(3)

□□□□

(4)

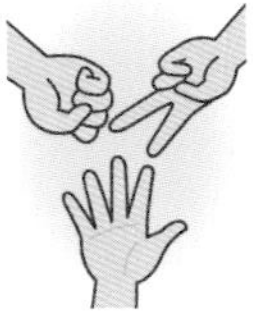

□□ん□□

(5)

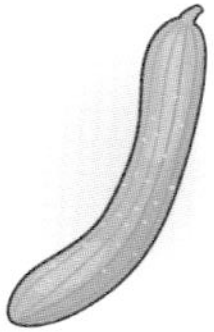

□□□□

(6)

□□□□□□

こたえは67ページ

きほん 11

おおきく なった ㋩㋾㋬を つかおう

きょうかしょ㊤64～79ページ

がつ　にち

／100てん　10ぷん

1 ただしい ほうに ○を つけましょう。 ひとつ9〔90てん〕

(1) ぼく {（　）わ／（　）は}、みせ {（　）へ／（　）え} いく。

(2) うし {（　）は／（　）わ}、くさ {（　）お／（　）を} たべる。

(3) {（　）を／（　）お} りがみ {（　）を／（　）お} かう。

(4) {（　）え／（　）へ} いがかん {（　）え／（　）へ} いく。

(5) {（　）わ／（　）は} たし {（　）わ／（　）は} いちねんです。

2 ただしい ほうに ○を つけましょう。 ひとつ5〔10てん〕

(1)
㋐（　）おうかみ
㋑（　）おおかみ

(2)
㋐（　）おおきい
㋑（　）おうきい

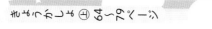

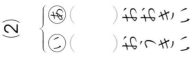

こたえは67ページ

かくにん 11

おおきく なった
はをへを つかおう

きょうかしょ 上 64～79ページ

がつ にち

10ぷん ／100てん

1 □の なかに、（は・を・へ）から ただしい じを えらんで かきましょう。 ひとつ10〔40てん〕

(1) わたし□、はやく おきた。

(2) いえに かばん□ わすれた。

(3) こうえん□ あそびに いく。

(4) いぬ□、にくを たべる。

2 □から ことばを えらんで、ただしい ぶんを つくりましょう。 ぜんぶ できて ひとつ20〔60てん〕

(1) □ へ □。

(2) □ を □。

(3) □ は □。

いく　がっこう　たべる　ほし
おべんとう　ひかる

こたえは67ページ

きほん 12

きょうかしょ㊤80～93ページ

すきな こと、なあに　おむすび ころりん　こんな ことが あったよ

がつ　にち

10ぷん　／100てん

1 うえと したの ことばを ――で むすんで、ただしい ぶんに しましょう。 ひとつ10〔80てん〕

(1) おなかが・　・たがやす。
(2) りんごを・　・すいた。
(3) こづちを・　・とびこむ。
(4) はたけを・　・ふる。
(5) いけに　・　・すべらす。
(6) あしを　・　・たべる。
(7) なかを　・　・きこえる。
(8) うたが　・　・のぞく。

2 つぎの ぶんしょうの （ ）に あてはまる ことばに ○を つけましょう。 〔20てん〕

わたしは、えを かく ことが すきです。どうしてかと いうと、えを かいて いると たのしく なる（　）です。

㋐（　）から　㋑（　）まで　㋒（　）わけ

こたえは67ページ

かくにん 12

きょうかしょ㊤80〜93ページ

がつ　にち

すきな　こと、なあに
おむすび　ころりん
こんな　ことが　あったよ

10ぷん　／100てん

1 [　]の　ことばを　ならべかえて、ただしい　ぶんに　しましょう。
（1）（2）ひとつ30・（3）40〔100てん〕

(1)

きれいでした　ゆうやけは　とても　。

(2)

あそびました　てつぼうで　ともだちと　。

(3) わたしは

みつけました　かいを　はまべで　。

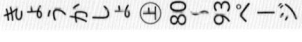

こたえは67ページ

きほん 13

みんなに　しらせよう
ことばを　みつけよう

きょうかしょ㊤98～101ページ

がつ　にち

10ぷん

／100てん

1 つぎの　しつもんの　こたえを　㋐～㋔から　えらんで、きごうを　かきましょう。

ひとつ20〔100てん〕

(1) どこへ　いったのですか。（　　）
(2) なにを　しに　いったのですか。（　　）
(3) だれと　いったのですか。（　　）
(4) どんな　ところでしたか。（　　）
(5) どんな　きぶんに　なりましたか。（　　）

㋐ ながのけんの　こうげんに　いきました。

㋑ ひろくて、とおくまで　みえる　ところでした。

㋒ おとうさん、おかあさん、おにいさんの　さんにんと　いきました。

㋓ とても　さわやかで、いい　きぶんに　なりました。

㋔ はいきんぐを　しに　いきました。

こたえは68ページ

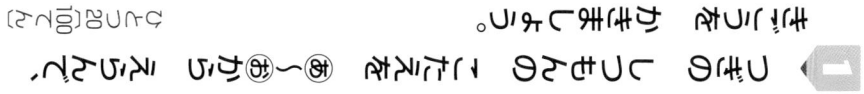

かくにん 13

きょうかしょ㊤98〜101ページ

がつ　にち

みんなに　しらせよう
ことばを　みつけよう

10ぷん　／100てん

1 たてか　よこに　よんで、かくれて　いる　2じ　いじょうの　ことばを　25こ　みつけて、○で　かこみましょう。　ひとつ4〔100てん〕

も	さ	し	ん	ぶ	ん	う	め
ど	ま	う	ぞ	し	く	り	い
こ	く	ば	ん	む	ず	り	す
ぎ	す	み	れ	う	ご	ま	ぜ
お	も	ち	ゃ	と	ん	れ	ゃ
が	ご	あ	ぱ	ん	だ	あ	し
さ	ん	き	っ	て	じ	ず	ん
あ	り	た	は	が	き	ら	で

こたえは68ページ

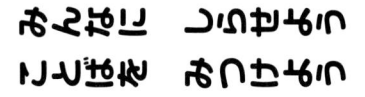

きほん 14

きょうかしょ㊤102～117ページ

やくそく
かたかなを　みつけよう
うみの　かくれんぼ

がつ　にち

10ぷん　／100てん

1 ——の　かんじの　よみがなを　かきましょう。　ひとつ8〔24てん〕

(1) おおきな　木。（　　）

(2) くじらは　大きい。（　　）

(3) かいは　小さい。（　　）

2 つぎの　うすい　かたかなを　なぞりましょう。　ひとつ10〔60てん〕

(1) サラダ

(2) パン

(3) ジャム

(4) スープ

(5) ゼリー

(6) コップ

3 かたかなで　かく　ことばを　ふたつ　さがして　○を　つけましょう。　ひとつ8〔16てん〕

（　）あめりか

（　）ぴあの

（　）にほん

（　）おんがく

こたえは68ページ

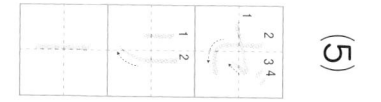

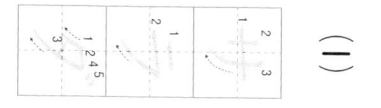

かくにん 14

やくそく かたかなを みつけよう うみの かくれんぼ

きょうかしょ㊤102～117ページ

がつ　にち

／100てん　10ぷん

1 □に あてはまる かんじを かきましょう。 ひとつ10〔30てん〕

(1) □(き)に のぼる。 (2) ぞうは □(おお)きい。

(3) ありは □(ちい)さい。

2 つぎの ひらがなを かたかなに なおして かきましょう。 ひとつ15〔45てん〕

(1) さらだ □□□

(2) ぜりい □□□

(3) すりっぱ □□□□

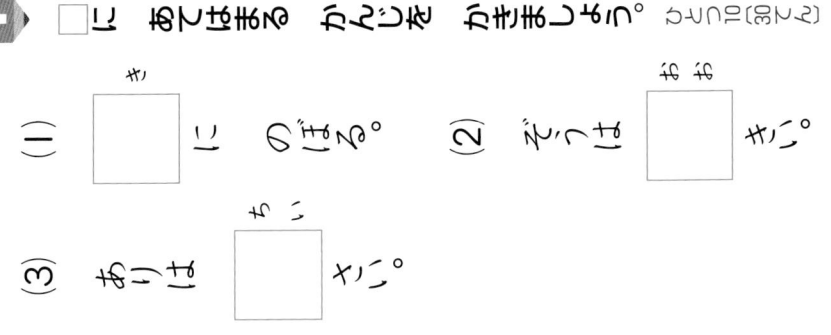

3 かたかなで かく ことばを かたかなに なおして かきなおしましょう。〔25てん〕

ぱんと ぷりんを たべる。

こたえは68ページ

きほん 15

かずと かんじ (1)

きょうかしょ㊤ 118〜121ページ

がつ にち

10ぷん

／100てん

1 ――の かんじの よみがなを かきましょう。 一つ8〔80てん〕

(1) いしが 一つ。（ ）

(2) こぶたが 一ぴき。（ ）

(3) かごが 二つ。（ ）

(4) きつねが 二ひき。（ ）

(5) はこが 三つ。（ ）

(6) ねずみが 三びき。（ ）

(7) ますが 四つ。（ ）

(8) ひつじが 四ひき。（ ）

(9) まどが 五つ。（ ）

(10) もぐらが 五ひき。（ ）

2 ――の かんじの 二とおりの よみがなを かきましょう。 一つ5〔20てん〕

(1)
㋐ 四だいの くるま。（ ）
㋑ 四がつうまれ（ ）

(2)
㋐ 一とうの うま。（ ）
㋑ 一まいの かみ。（ ）

こたえは68ページ

かくにん 15

かずと かんじ (1)

きょうかしょ㊤118〜121ページ

がつ　にち

10ぷん

／100てん

1 □に あてはまる かんじを かきましょう。ひとつ8〔80てん〕

(1) □（ひと）つ としうえ。

(2) もちが □（いっ）こ。

(3) □（ふた）つの かぎ。

(4) □（に）ふん まつ。

(5) □（みっ）つ かぞえる。

(6) □（さん）がつうまれ

(7) ももが □（よっ）つ。

(8) いしが □（よん）こ。

(9) □（いつ）つの なぞ。

(10) あさの □（ご）じ。

2 ならった かんじを つかって かきなおしましょう。〔20てん〕

しがつみっかの いちじ。

□

こたえは68ページ

きほん 16

かずと かんじ (2)

きょうかしょ㊤118〜121ページ

がつ　にち

10ぷん　／100てん

1 ――の かんじの よみがなを かきましょう。 一つ8〔80てん〕

(1) いちごが 六つ。（　）

(2) ありが 六ぴき。（　）

(3) どんぐりが 七つ。（　）

(4) いぬが 七ひき。（　）

(5) みかんが 八つ。（　）

(6) さるが 八ぴき。（　）

(7) かみが 八まい。（　）

(8) りんごが 九つ。（　）

(9) ぶたが 九ひき。（　）

(10) りすが 十ぴき。（　）

2 ――の かんじの よみがなを かきましょう。 一つ5〔20てん〕

(1) 七がつに（　） なって 十か（　） たつ。

(2) あしたは 九がつ（　） 十六に（　） ちだ。

9						
日	月	火	水	木	金	土
		1	2	3	4	5	6
7	8	9	10	11	12	13
14	15	⑯	17	18	19	20
21	22	23	24	25	26	27
28	29	30				

こたえは68ページ

かくにん 16

かずと かんじ (2)

きょうかしょ㊤118～121ページ

がつ　にち

／100てん　10ぷん

1 □に あてはまる かんじを かきましょう。 一つ8〔80てん〕

(1) □(むっ)つの いし。

(2) □(ろく)わの すずめ。

(3) □(なな)つの ほし。

(4) □(しち)じに おきる。

(5) □(やっ)つの もも。

(6) □(はち)まいの かみ。

(7) □(ここの)つの くり。

(8) □(く)じに ねる。

(9) □(とお)かぞえる。

(10) □(じゅう)だいの バス。

2 えを みて、□に あてはまる かんじを かきましょう。 一つ10〔20てん〕

(1) □この かき。

(2) □ぴきの さかな。

こたえは69ページ

きほん 17

くじらぐも

きょうかしょ㊦ 6〜18ページ

がつ　にち

10ぷん　／100てん

1 ——の　かんじの　よみがなを　かきましょう。　一つ8〔64てん〕

(1) 子どもたち（　）

(2) 空を　まわる。（　）

(3) 先生が　はしる。（　）

(4) 男の子が　あそぶ。（　）

(5) 女の子が　いる。（　）

(6) 手を　つなぐ。（　）

(7) 天まで　とどけ。（　）

(8) 青い　空。（　）

2 つぎの　うすい　かたかなを　なぞりましょう。　一つ9〔36てん〕

(1) センチ

(2) チャイム

(3) ノート

(4) ジャングルジム

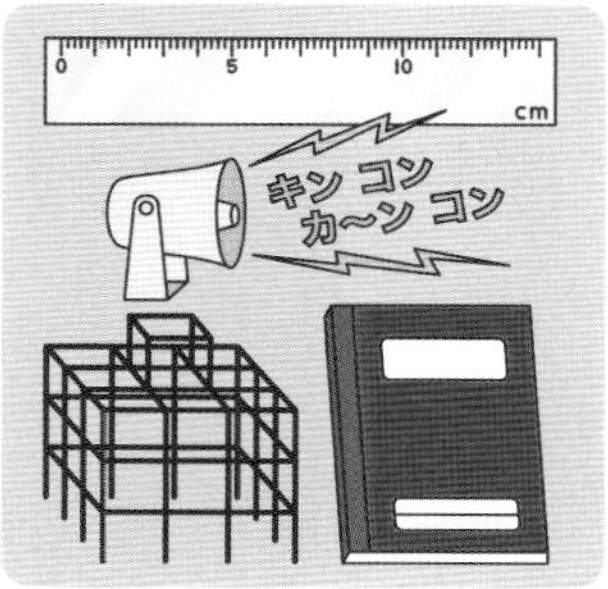

こたえは69ページ

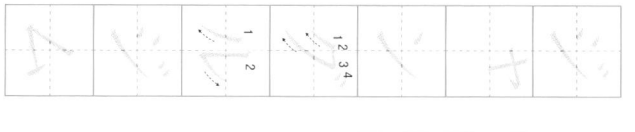

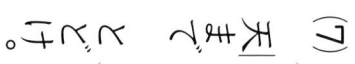

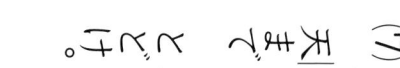

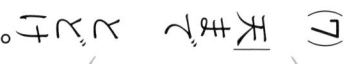

かくにん 17

くじらぐも

きょうかしょ㊦6～18ページ

がつ　にち

10ぷん

／100てん

1 □に　あてはまる　かんじを　かきましょう。　一つ10〔80てん〕

(1) □(こ)どもたち

(2) □(そら)を　とぶ。

(3) □□(せんせい)の　こえ。

(4) □(おとこ)の　ひと。

(5) □(おんな)のこが　くる。

(6) □(て)を　ふる。

(7) □(てん)に　とどく。

(8) □(あお)い　うみ。

2 はなした　ことばに　かぎ(「　」)を　つけましょう。　ぜんぶ　できて　一つ10〔20てん〕

(1) わたしは、ともだちに
さようなら。
と　いって、わかれました。

(2) ぼくは、せんせいに
おはようございます。
と、あいさつを　しました。

こたえは69ページ

きほん 18

きょうかしょ㊦19〜23ページ

がつ　にち

まちがいを　なおそう
しらせたいな、見せたいな

10ぷん　／100てん

1 ――の　かん字の　よみがなを　かきましょう。　一つ10〔70てん〕

(1) 文しょうを　かく。（　　）

(2) 字を　みなおす。（　　）

(3) 正しい　文。（　　）

(4) ほんを　見せる。（　　）

(5) 学校へ　いく。（　　）

(6) 生きものを　かう。（　　）

(7) あたまの　先。（　　）

2 つぎの　うすい　かたかなを　なぞりましょう。〔10てん〕

モルモット

3 つぎの　文に　「、」と　「。」を　一つずつ　つけましょう。　一つ10〔20てん〕

モルモットの　からだには　ふわふわの
けが　たくさん　はえて　います

こたえは69ページ

かくにん 18

まちがいを　なおそう
しらせたいな、見せたいな

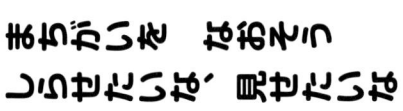

きょうかしょ㊦19〜23ページ

がつ　にち

／100てん　10ぷん

1 □に　あてはまる　かんじを　かきましょう。　一つ10〔50てん〕

(1) □（ぶん）しょう

(2) □（ただ）しい　□（じ）。

(3) えを　□（み）せる。

(4) □□（がっこう）

2 えを　みて、□に　あてはまる　かたかなを　かきましょう。　一つ10〔20てん〕

(1)

□□レ□□

(2)

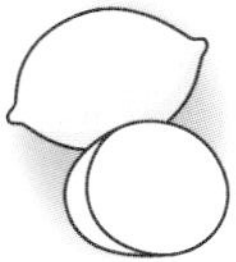

レ□□

3 じの　つかいかたが　まちがって　いる　ところを　なおして、かきなおしましょう。　ぜんぶ　できて　一つ15〔30てん〕

(1) きょうわ、こうえんえ　いきました。

(2) わたしわ、しゅくだいお　しました。

こたえは69ページ

きょうかしょ ㊦ 24～27ページ

かん字の　はなし　(1)

がつ　にち

10ぷん　／100てん

1 ——の　かん字の　よみがなを　かきましょう。　一つ10〔50てん〕

(1) 山の　むこう。（　　）

(2) 水が　ながれる。（　　）

(3) 雨が　ふる。（　　）

(4) たなの　上。（　　）

(5) つくえの　下。（　　）

2 かきじゅんの　正しい　ほうに　○を　つけましょう。　一つ10〔50てん〕

(1)
- あ（　）　丨　山　山
- い（　）　𠃊　凵　山

(2)
- あ（　）　丨　卜　上
- い（　）　丶　卜　上

(3)
- あ（　）　一　丅　下
- い（　）　丨　丅　下

(4)
- あ（　）　㇇　才　水　水
- い（　）　亅　才　水　水

(5)
- あ（　）　一　丆　冂　币　雨　雨　雨
- い（　）　一　丆　冂　冂　冃　雨　雨

こたえは69ページ

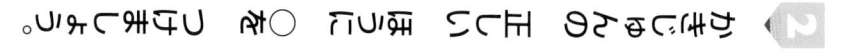

かくにん 19

かん字の　はなし（1）

きょうかしょ㊦24～27ページ

がつ　にち

／100てん　10ぷん

1 □に　あてはまる　かん字を　かきましょう。　一つ9〔45てん〕

(1) □（やま）に　のぼる。

(2) □（みず）を　のむ。

(3) □（あめ）に　ぬれる。

(4) □（うえ）を　見あげる。

(5) いすの　□（した）。

2 えに　あう　かん字を　□に　かきましょう。　一つ10〔40てん〕

(1)  □

(2)  □

(3)  □

(4)  □

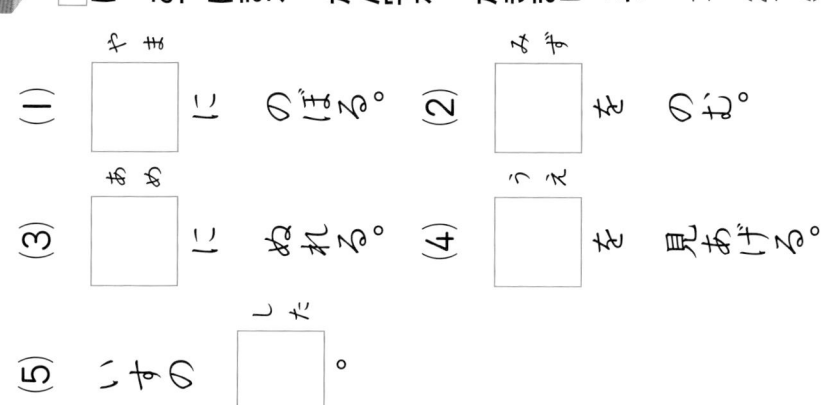

3 えを　かん字に　なおして、かきなおしましょう。〔15てん〕

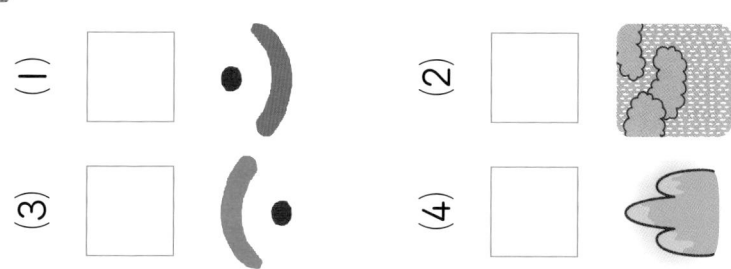

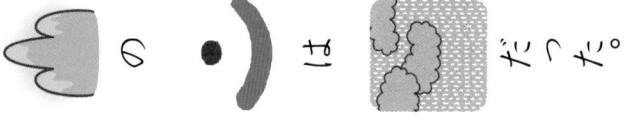

 の  は  だった。

□

こたえは69ページ

きほん 20

かん字の　はなし　(2)

きょうかしょ ㊦24～27ページ

がつ　にち

10ぷん

／100てん

1 ――の　かん字の　よみがなを　かきましょう。一つ10〔60てん〕

(1) 日が　のぼる。（　　）

(2) 火を　けす。（　　）

(3) 田んぼに　うえる。（　　）

(4) 川の　さかな。（　　）

(5) 竹を　きる。（　　）

(6) 月が　でる。（　　）

2 つぎの　かん字は　なんかいで　かきますか。すう字を　かきましょう。一つ7〔28てん〕

(1) 月（　　）かい

(2) 田（　　）かい

(3) 日（　　）かい

(4) 竹（　　）かい

3 えに　あう　かん字を　――で　むすびましょう。一つ4〔12てん〕

(1) 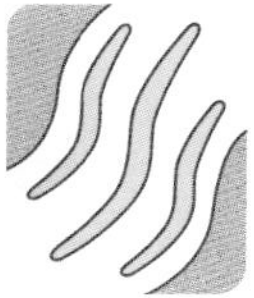 ・　　・月

(2)  ・　　・川

(3)  ・　　・日

・火

こたえは69ページ

かくにん 20

かん字の　はなし　(2)

きょうかしょ㊦24～27ページ

がつ　にち

／100てん　10ぷん

1 □に　あてはまる　かん字を　かきましょう。　一つ10〔60てん〕

(1) □(ひ)が　しずむ。

(2) □(ひ)が　もえる。

(3) むらの　□(た)んぼ。

(4) □(かわ)で　およぐ。

(5) □(たけ)が　はえる。

(6) □(つき)が　かがやく。

2 えに　あう　かん字を　□に　かきましょう。　一つ10〔20てん〕

(1) □ 

(2) □ 

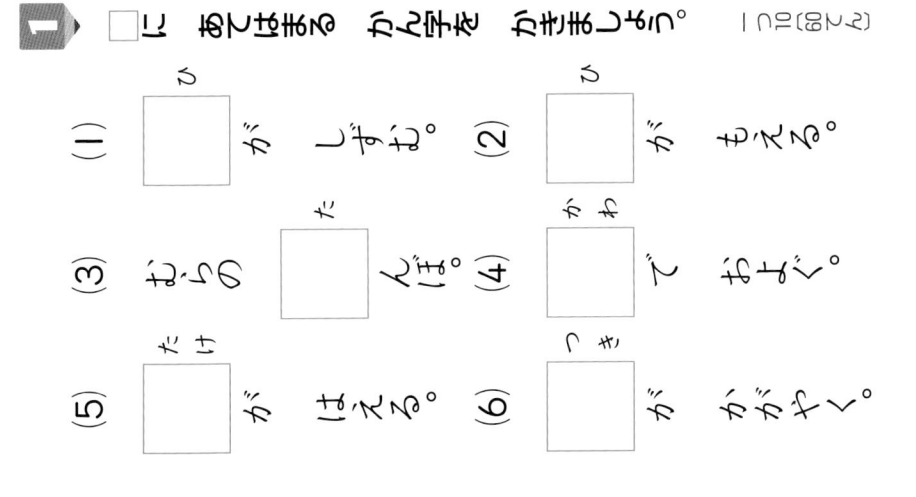

3 えを　かん字に　なおして、かきなおしましょう。　〔20てん〕

やぶのに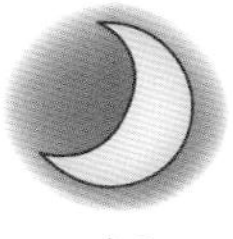が　でる。

□

こたえは69ページ

きほん 21

じどう車くらべ
じどう車ずかんを つくろう

きょうかしょ ㊦30〜37ページ

がつ　にち

10ぷん

／100てん

1 ――の かん字の よみがなを かきましょう。 一つ10〔40てん〕

(1) じどう車が はしる。（　　）

(2) 人を のせる。（　　）

(3) つり上げる（　　）

(4) 気を つける。（　　）

2 上と 下の ことばを ――で むすんで、正しい 文に しましょう。 一つ10〔30てん〕

(1) どうろを・　　・㋐ のせる。

(2) けしきが・　　・㋑ はしる。

(3) にもつを・　　・㋒ 見える。

3 つぎの うすい かたかなを なぞりましょう。 一つ10〔30てん〕

(1) バケツ

(2) クレヨン

(3) ベッド

こたえは70ページ

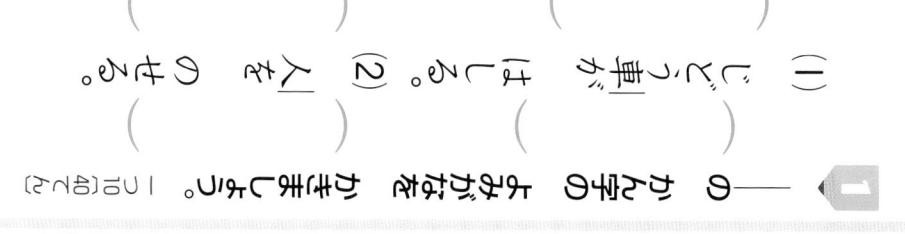

かくにん 21

きょうかしょ㊦30～37ページ

じどう車くらべ
じどう車ずかんを　つくろう

がつ　にち

10ぷん

／100てん

1 □に　あてはまる　かん字を　かきましょう。　一つ10〔40てん〕

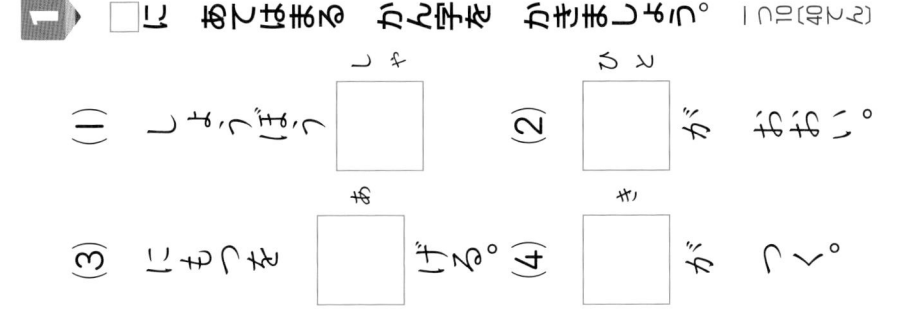

(1) じょうぼう□（しゃ）　(2) □（ひと）が　おおい。

(3) にもつを　□（あ）げる。　(4) □（き）が　つく。

2 えを　見て、□に　あてはまる　かたかなを　かきましょう。うすい　字は　なぞりましょう。　一つ12〔60てん〕

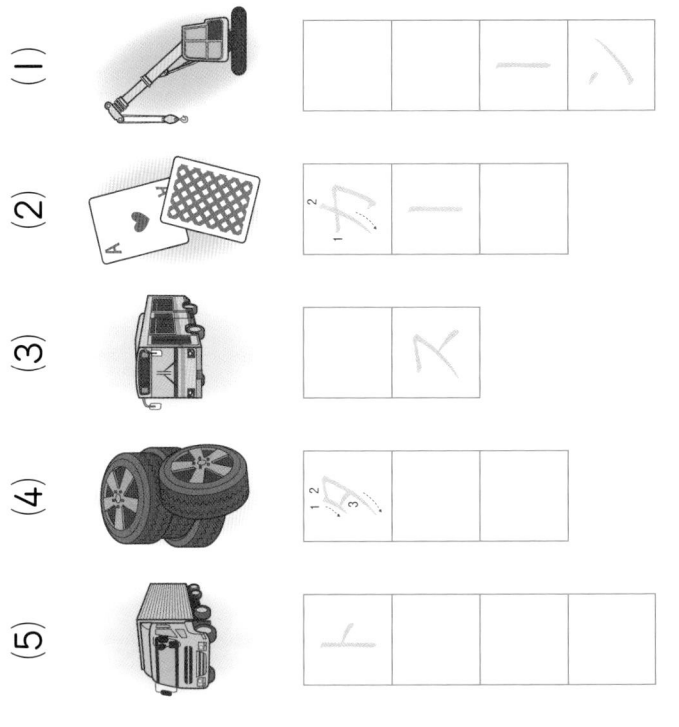

(1) 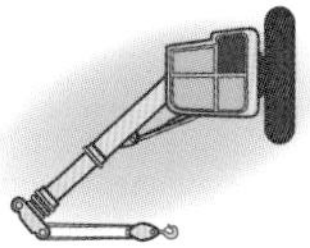 □□ーン

(2)  カー□

(3) 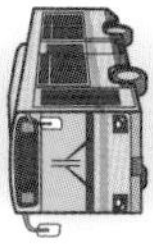 □ス

(4)  タ□□

(5) 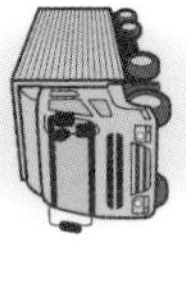 ト□□□

きほん 22

かたかなを かこう

きょうかしょ㊦38～39ページ

がつ　にち

10ぷん　／100てん

1 つぎの うすい かたかなを なぞりましょう。 一つ15〔90てん〕

(1) ソース

(2) カター

(3) メロン

(4) ニュース

(5) ホットケーキ

(6) ジョベルカー

2 かきかたの 正しい ほうに ○を つけましょう。 一つ5〔10てん〕

(1) あ（　）チイズ
い（　）チーズ

(2) あ（　）ジャンプ
い（　）ジヤンプ

こたえは70ページ

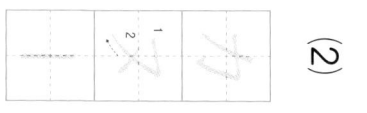

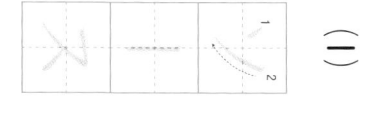

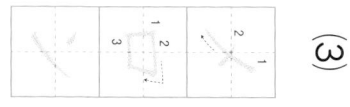

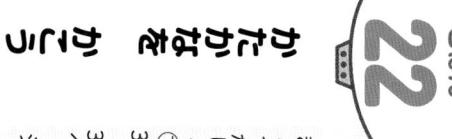

かくにん 22

かたかなを　かこう

きょうかしょ㊦38〜39ページ

がつ　にち

／100てん　10ぷん

1 えを　見て、□に　あてはまる　かたかなを　かきましょう。
うすい　字は　なぞりましょう。　一つ12〔60てん〕

(1) 

(2)  カ

(3)  ト

(4) 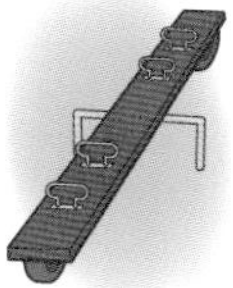

(5) 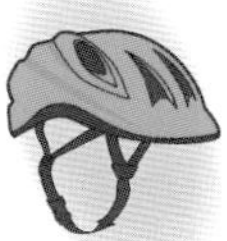 ヘルト

2 つぎの　――の　ことばを、正しく　かきなおしましょう。　一つ20〔40てん〕

おやつに、(1)チヨコレイトと　(2)キヤラメルを
たべました。

(1)

(2)

こたえは70ページ

きほん 23

きょうかしょ ㊦40〜55ページ　がつ　にち

どんな　おはなしが　できるかな
たぬきの　糸車

10ぷん　／100てん

1 ──の　かん字の　よみがなを　かきましょう。　一つ12〔84てん〕

(1) 糸車を　まわす。（　　）

(2) 目玉が　のぞく。（　　）

(3) 村へ　いく。（　　）

(4) さかを　下りる。（　　）

(5) 白い　ふく。（　　）

(6) 土間に　はいる。（　　）

(7) 音が　きこえる。（　　）

2 ふきだしの　ことばを、「　」を　つけて　かきましょう。うすい　字は　なぞりましょう。〔16てん〕

と、こいぬが　いいました。

こたえは70ページ

かくにん 23

きょうかしょ㊦40～55ページ

がつ　にち

どんな　おはなしが　できるかな
たぬきの　糸車

10ぷん　／100てん

1 □に　あてはまる　かん字を　かきましょう。 一つ10〔70てん〕

(1) □□（いとぐるま）

(2) □□（めだま）

(3) □（むら）まつり

(4) 山を　□（お）りる。

(5) □（しろ）い　くも。

(6) □（ど）間から　見る。

(7) たいこの　□（おと）。

2 （　）に　あてはまる　ことばを　□から　えらんで　かきましょう。 一つ10〔30てん〕

(1) （　　　）した　めの　あかちゃん。

(2) うれしそうに　（　　　）おどる。

(3) すきまから　（　　　）のぞく。

くりくり　あっと　そっと　ぴょんぴょこ

こたえは70ページ

きほん 24

日づけと よう日 (1)

きょうかしょ 下 56～57ページ

がつ にち

10ぷん ／100てん

1 ――の かん字の よみがなを かきましょう。 一つ8〔64てん〕

(1) お正月

(2) ももの 花。

(3) 六月六日

(4) 七月七日

(5) よぞらの 天の川。

(6) 大すきな おかし。

(7) 月よう日

(8) 火よう日

2 ――の かん字の 三とおりの よみがなを かきましょう。 一つ6〔36てん〕

(1)
- あ 四月十五日
- い 三月四日
- う 日が のぼる。

(2)
- あ 月が かがやく。
- い 月よう日の あさ。
- う 八月の あつさ。

こたえは70ページ

かくにん 24

きょうかしょ㊦56～57ページ

日づけと よう日 (1)

がつ にち

10ぷん

／100てん

1 □に あてはまる かん字を かきましょう。 一つ11〔22てん〕

(1) □□□□（しょうがつ みっか）

(2) きれいな □（はな）。

2 ひづけを あらわす かん字を かきましょう。 一つ11〔44てん〕

(1) □□（よっか）

(2) □□（いつか）

(3) □□（むいか）

(4) □□（なのか）

3 ならった かん字を つかって かきなおしましょう。

ぜんぶ できて 一つ17〔34てん〕

(1) げつようびに だいすきな はなを みた。

(2) かようびの よるに あまのがわを みた。

こたえは70ページ

きほん 25

日づけと よう日 (2)

きょうかしょ㊦56～57ページ

がつ　にち

／100てん　10ぷん

1 ——の かん字の よみがなを かきましょう。 一つ10〔80てん〕

(1) 水よう日（　　）

(2) 八月八日（　　）

(3) なつ休み（　　）

(4) 虫の こえ。（　　）

(5) 木よう日（　　）

(6) お金を もらう。（　　）

(7) 金よう日（　　）

(8) 土あそびを する。（　　）

2 つぎの かん字は なんかいで かきますか。すう字を かきましょう。 一つ5〔10てん〕

(1) 休（　　）かい

(2) 金（　　）かい

3 えを 見て、□に あてはまる かたかなを かきましょう。うすい 字は なぞりましょう。 一つ5〔10てん〕

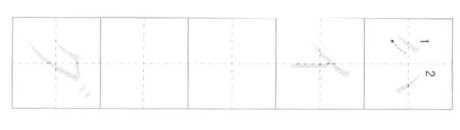

(1)

ハ　イ　□　□　グ

(2)

ロ　ー　□　ウ　エ　ー

こたえは71ページ

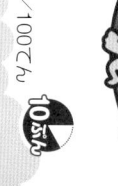

かくにん 25

日づけと よう日 (2)

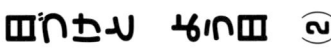

きょうかしょ㊦56～57ページ

がつ にち

10ぷん

／100てん

1 □に あてはまる かん字を かきましょう。 一つ9〔36てん〕

(1) なつ□（やす）みに なる。

(2) □（むし）が とぶ。

(3) お□（かね）を ためる。

(4) □（つち）で あそぶ。

2 日づけを あらわす かん字を かきましょう。 一つ8〔32てん〕

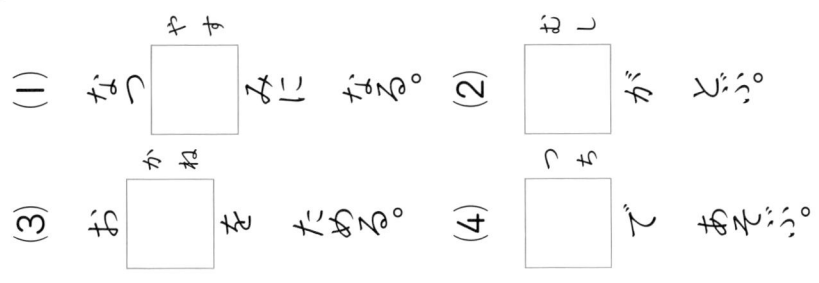

(1) 二月□（ここの）日

(2) 三月□（とお）日

(3) 六月□（よう）日

(4) 五月□□（じゅういち）日

3 よう日を あらわす かん字を かきましょう。 一つ8〔32てん〕

(1) □（ど）よう日

(2) □（すい）よう日

(3) □（もく）よう日

(4) □（きん）よう日

こたえは71ページ

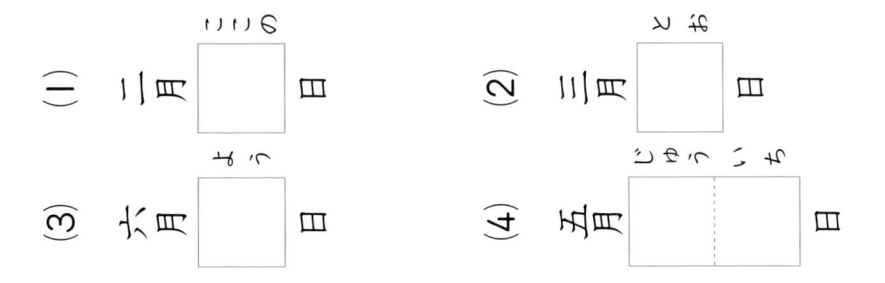

きょうかしょ㊦60～73ページ

がつ　にち

むかしばなしを　よもう
おかゆの　おなべ

10ぷん　／100てん

1 ——の　かん字の　よみがなを　かきましょう。　一つ9〔63てん〕

(1) 本を　さがす。（　　）

(2) 森に　いく。（　　）

(3) そとに　出る。（　　）

(4) おなべの　中。（　　）

(5) 町の　そと。（　　）

(6) うち中　ちらかる。（　　）

(7) へやに　入る。（　　）

2 かきじゅんの　正しい　ほうに　○を　つけましょう。　一つ8〔16てん〕

(1)
- あ（　）丨 刂 巾 中
- い（　）丶 冂 口 中

(2)
- あ（　）丨 十 屮 出 出
- い（　）𠃊 凵 屮 出 出

3 上と　下の　ことばを　——で　むすんで、正しい　文に　しましょう。　一つ7〔21てん〕

(1) コップの　水が　・　　・あ　にる。

(2) なべで　やさいを　・　　・い　あふれ出る。

(3) えきまでの　みちを　・　　・う　たずねる。

こたえは71ページ

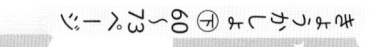

かくにん 26

むかしばなしを よもう
おかゆの おなべ

きょうかしょ㊦60～73ページ

がつ　にち

10ぷん　／100てん

1 □に あてはまる かん字を かきましょう。 一つ10〔70てん〕

(1) □(ほん)を かう。

(2) □(もり)を あるく。

(3) いえから □(で)る。

(4) へやの □(なか)。

(5) □(まち)に すむ。

(6) うち□(じゅう) さがす。

(7) ふろに □(はい)る。

2 ならった かん字を つかって かきなおしましょう。 ぜんぶ できて 一つ15〔30てん〕

(1) おんなのこは まちに でかけた。

□

(2) もりの なかで ほんを よんだ。

□

こたえは71ページ

きほん 27

きょうかしょ 下 78〜89ページ

ことばで あそぼう どうぶつの 赤ちゃん

がつ にち

10ぷん ／100てん

1 ——の かん字の よみがなを かきましょう。 一つ9〔72てん〕

(1) ねこの 赤ちゃん。（　　）

(2) いぬが 生まれる。（　　）

(3) ライオンの 耳。（　　）

(4) えらい 王さま。（　　）

(5) 口に くわえる。（　　）

(6) 一年ぐらい たつ。（　　）

(7) まっすぐ 立つ。（　　）

(8) 草を たべる。（　　）

2 れいに ならって ことばを つくりましょう。 一つ7〔28てん〕

【れい】 [かん]の 上に ㋳ → [や][か][ん]

(1) [しか]の 下に ㋗ → [　][　][　]

(2) [たこ]の あいだに ㋶ → [　][　][　]

(3) [かめ]の あいだに ㋲ → [　][　][　]

(4) [かば]の 下に ㋻ → [　][　][　]

こたえは71ページ

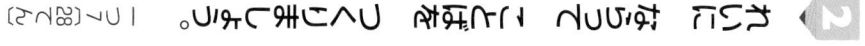

かくにん 27

ことばで あそぼう どうぶつの 赤ちゃん

きょうかしょ㊦78～89ページ

がつ にち

10ぷん

／100てん

1 □に あてはまる かん字を かきましょう。 一つ9〔72てん〕

(1) □（あか）ちゃんの 手。 (2) 子が □（う）まれる。

(3) □（みみ）を すます。 (4) □（おう）さまに あう。

(5) □（くち）を とじる。 (6) □□（いちねん） まつ。

(7) いすから □（た）つ。 (8) □（くさ）が しげる。

2 ならった かん字を つかって かきなおしましょう。 ぜんぶ できて 一つ14〔28てん〕

(1) おうさまに あかちゃんが うまれる。

(2) たって、くさの ほうに みみを すます。

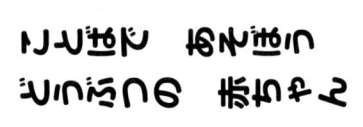

こたえは71ページ

きほん 28 ものの 名まえ

がつ　にち

／100てん　10ぷん

1 ――の かん字の よみがなを かきましょう。 一つ10〔50てん〕

(1) ものの 名まえ。（　　）

(2) 夕がたに なる。（　　）

(3) 五百円で かう。（　　）

(4) 千円さつ（　　）

(5) お金を 出す。（　　）

2 つぎの かん字は なんかいで かきますか。すう字を かきましょう。 一つ8〔32てん〕

(1) 円（　　）かい

(2) 名（　　）かい

(3) 百（　　）かい

(4) 夕（　　）かい

3 えを 見て、□に あてはまる かたかなを かきましょう。うすい 字は なぞりましょう。 一つ9〔18てん〕

(1) 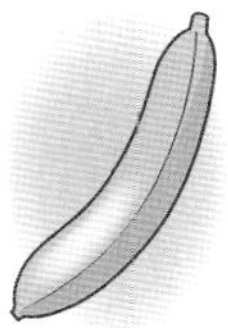

□ナ□

(2) 

ピア□

こたえは71ページ

かくにん 28

ものの　名まえ

きょうかしょ㊦90〜95ページ

がつ　にち

／100てん　10ぷん

1 □に　あてはまる　かん字を　かきましょう。　一つ11〔55てん〕

(1) □（な）まえ

(2) □（ゆう）がたに　いく。

(3) □□□（ごひゃくえん）

(4) □□（せんえん）さつ

(5) おさつを　□（だ）す。

2 □の　ものを　まとめて　つけた　なまえを　かきましょう。　一つ15〔45てん〕

(1) キャベツ　だいこん　なす　にんじん　□

(2) きく　パンジー　ばら　ひまわり　□

(3) からす　すずめ　はと　はくちょう　□

こたえは71ページ

きほん 29

かたかなの　かたち

きょうかしょ㊦98～99ページ

がつ　にち

10ぷん　／100てん

1 つぎの　うすい　かたかなを　なぞりましょう。

一つ10〔30てん〕

(1) ネクタイ

(2) シャワー

(3) オルガン

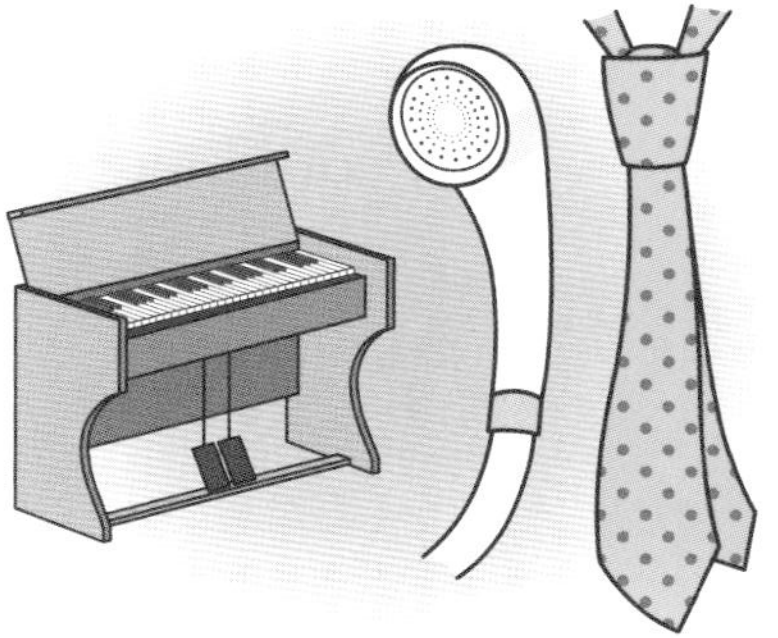

2 正しい　ほうに　○を　つけましょう。

一つ14〔70てん〕

(1) やさいサ｛あ（　）ラ　い（　）ヲ｝ダを　つくる。

(2) にくに｛あ（　）ン　い（　）ソ｝ースを　かける。

(3) ふくに｛あ（　）ア　い（　）マ｝イロンを　かける。

(4) こうちゃに　レ｛あ（　）も　い（　）モ｝ンを　いれる。

(5) トナ｛あ（　）カ　い（　）か｝イが　そりを　ひく。

こたえは72ページ

かくにん 29

かたかなの　かたち

きょうかしょ㊦98〜99ページ

がつ　にち

／100てん　10ぷん

1 えを　見て、□に　あてはまる　かたかなを　かきましょう。うすい　字は　なぞりましょう。　一つ12〔60てん〕

(1)
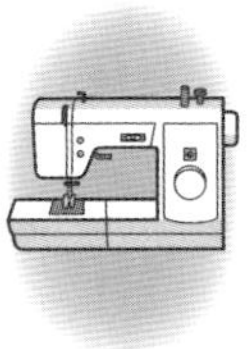
ミ□□

(2)

コ□ヒ□

(3)

マフラ□

(4)

□□□ン

(5)
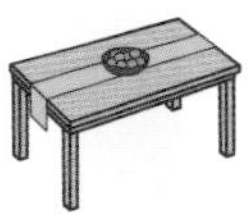
テ□ブ□

2 まちがって　いる　字を　○で　かこんで、□に　正しい　字を　かきましょう。　ぜんぶ　できて　一つ10〔40てん〕

(1) ワリーム　□

(2) ドヲイブ　□

(3) ツャワー　□

(4) ヌケート　□

こたえは72ページ

きほん 30

きょうかしょ㊦100〜119ページ

ことばあそびを つくろう これは、なんでしょう ずうっと、ずっと、大すきだよ

がつ　にち

10ぷん　／100てん

1 ――の かん字の よみがなを かきましょう。 一つ10〔50てん〕

(1) すばらしい 犬。（　　）
(2) 早く 大きく なる。（　　）
(3) 花だんを ほる。（　　）
(4) 年を とる。（　　）
(5) かいだんを 上る。（　　）

2 かきじゅんの 正しい ほうに ○を つけましょう。 一つ10〔20てん〕

(1)
㋐（　） ノ 人 大 犬
㋑（　） 一 ナ 大 犬

(2)
㋐（　） 丨 口 日 日 旦 早
㋑（　） 丨 口 日 日 早 早

3 上と 下の ことばを ――で むすんで、正しい 文に しましょう。 一つ10〔30てん〕

(1) 目を ・　　・㋐ のびる。
(2) せが ・　　・㋑ くれる。
(3) おみやげを ・　　・㋒ さます。

こたえは72ページ

かくにん 30

きょうかしょ㊦100〜119ページ

ことばあそびを　つくろう　これは、なんでしょう　ずうっと、ずっと、大すきだよ

がつ　にち

10ぷん　／100てん

1 □に　あてはまる　かん字を　かきましょう。　一つ20〔40てん〕

(1) □（いぬ）が　ほえる。

(2) まだ　あさ　□（はや）い。

2 □の　中に、（ある）か　（いる）の　どちらかを　かきましょう。　一つ15〔30てん〕

(1) くまが　□□。

(2) いえが　□□。

3 つぎの　(1)・(2)が　あらわす　ものは、それぞれ　なんでしょう。□に　かきましょう。　一つ15〔30てん〕

(1) よむ　ものです。
としょしつに　あります。
えが　かいて　ある　ものも　あります。
□

(2) さす　ものです。
そとで　つかいます。
雨の　日に　つかいます。
□

こたえは72ページ

きほん 31

きょうかしょ㊦120～125ページ　　がつ　　にち

にて いる かん字　いい こと いっぱい、一年生

10ぷん　／100てん

1 ――の かん字の よみがなを かきましょう。 一つ10〔90てん〕

(1) 貝を 見つける。（　　）（　　）
(2) 林が ある。（　　）
(3) 右足を 上げる。（　　）（　　）
(4) 石を ける。（　　）
(5) 文字を ならう。（　　）
(6) 左を 見る。（　　）
(7) かん字を 学ぶ。（　　）
(8) 力いっぱい はしる。（　　）
(9) 玉入れで かつ。（　　）

2 かきじゅんの 正しい ほうに ○を つけましょう。 一つ5〔10てん〕

(1)
- ㋐（　）一 ナ 𠂇 𠂇 左
- ㋑（　）ノ ナ 𠂇 𠂇 左

(2)
- ㋐（　）ノ ナ 𠂇 右 右
- ㋑（　）一 ナ 𠂇 右 右

こたえは72ページ

かくにん 31

にて いる かん字 いい こと いっぱい、一年生

きょうかしょ㊦120～125ページ

がつ にち

10ぷん ／100てん

1 □に あてはまる かんじを かきましょう。 一つ6〔36てん〕

(1) □（かい）を たべる。

(2) □（はやし）を あるく。

(3) □□（みぎあし）で 立つ。

(4) □（いし）を ひろう。

(5) □（ひだり）を むく。

(6) □（ちから）が 出る。

2 にて いる かんじを かきましょう。 一つ4〔64てん〕

(1) □（ひと）—□（はい）る

(2) □（いし）—□（みぎ）

(3) □（くさ）—□（はや）い

(4) □（かい）—□（み）る

(5) □（つち）—□（うえ）

(6) 文□（じ）—□（がっ）校

(7) □（ほん）—□（き）

(8) □（たま）—□（おう）さま

こたえは72ページ

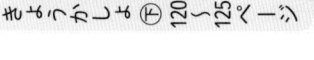

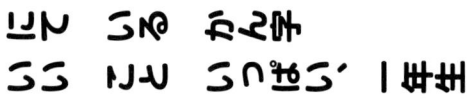

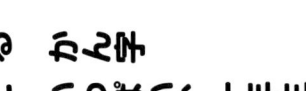

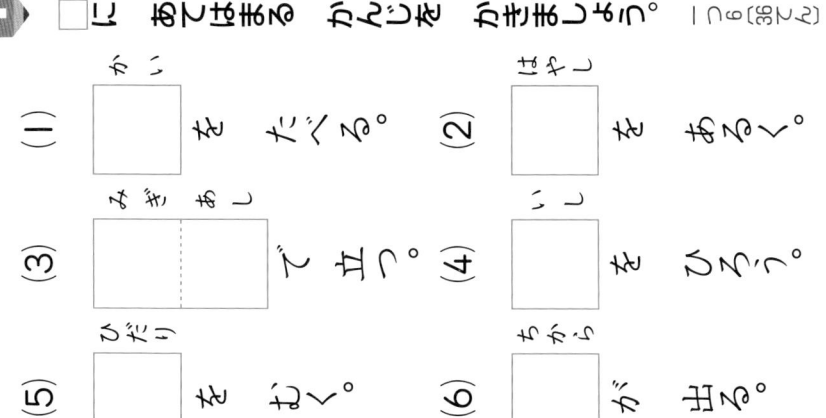

こたえ

1 3・4ページ

1 （省略）

てびき　3ページはひらがなの読みの練習です。短文を正しく発音できるか確認しましょう。

★ ★ ★

1 (1)おはよう　(2)いただきます
(3)ごめんなさい　(4)ありがとう
(5)さようなら

2 5・6ページ

1 （省略）

てびき　5ページは運筆の練習です。うすい点線をなぞらせ、縦や横の直線、曲線が、よどみなく書けるようにしましょう。鉛筆（えんぴつ）の持ち方にも注意しましょう。

★ ★ ★

1 (1)くつ　(2)いち
(3)あいうえお

2 (1)あ　(2)いえ

3 7・8ページ

1 (1)しか　(2)かさ　(3)つり

2 (1)あひる（右から二つ目）
(2)いのしし（左端）
(3)うきわ（左から二つ目）
(4)えき（右端）
(5)おばけ（真ん中）

★ ★ ★

1 (1)あし　(2)あり　(3)いし
(4)いか　(5)うし　(6)つえ　(7)しか
(8)さい　(9)かさ　(10)かい

4 9・10ページ

1 (1)こい　(2)ふとん　(3)まる
(4)きりん

2 (1)まど　(2)まと　(3)さる
(4)ざる　(5)かぎ　(6)かき

★ ★ ★

1 (1)ざる　(2)まど　(3)ごま
(4)かぎ　(5)ぎ　(6)うさぎ
(7)かご　(8)おんぷ　(9)かぶ
(10)ぶどう

5 11・12ページ

1 (1)はしる (2)たぬき (3)わらう
(4)からす

2 (1)かえるが・はねる。
(2)とりは・とぶ。
(3)わたしが・はなす。

★★★

1 (1)いぬ・える (2)へび・ね・る
(3)ねこ・あるく (4)うま・たべる

2 (順序なし)
・こまがまわる。・ふねはうかぶ。
・はちがとぶ。

6 13・14ページ

1 (1)おに (2)けいと (3)もぐら
(4)てがみをおくる。

2 (1)(い) (2)(あ) (3)(あ)

3 (1)(あ) (2)(い)

★★★

1 (1)ばった (2)きって (3)らっこ

2 を

3 (あ)

7 15・16ページ

1 (1)ろうか (2)こうえん

2 (1)(い) (2)(い) (3)(あ) (4)(あ) (5)(い)

★★★

1 (1)おかあさん (2)おばあさん
(3)おにいさん (4)おじいさん
(5)おねえさん (6)おとうさん

2 (1)おとうと (2)いもうと

8 17・18ページ

1 (1)ゆうやけ (2)やくそく
(3)まほう

2 (1)(あ) (2)(い) (3)(い) (4)(あ) (5)(い)

★★★

1 (1)ゆうやけ (2)ろうそく

2 (1)ぞう (2)ふう・ん
(3)ひこうき

3 (い)

9 19・20ページ

1 (1)あめ (2)みせ (3)なす
(4)よむ (5)ぬの (6)すみれ

2 (1)つ・と (2)ふ・へ
(3)さ・な・は・や・わ
(4)こ・そ・も・よ・を

★★★

1 (1)かめ (2)せみ (3)はな
(4)のり

2 (1)きつね (2)ねこ (3)すいか
(4)にっき

10 21・22ページ

1 (1)いしゃ (2)いしゃ
(3)びょういん (4)びょういん
(5)おもちゃ (6)おもちゃ

2 (1)Ⓘ (2)㋐

3 (〇で囲むひらがな)
(1)ゃ (2)ゅ (3)ょ (4)ゅ
(5)っ・ょ (6)ゅ・ゃ

★ ★ ★

1 ひ(や)っぴき・ゃ

てびき 「ゃ」がマス目の右上部分に書けているか確認しましょう。

2 (1)うちゅう (2)しょっき
(3)しゃしん (4)じゃんけん
(5)きゅうり (6)ぎゅうにゅう

11 23・24ページ

1 (1)は・へ (2)は・を (3)お・を
(4)え・へ (5)わ・は

2 (1)Ⓘ (2)㋐

★ ★ ★

1 (1)は (2)を (3)へ (4)は

2 (1)がっこう・いく
(2)おべんとう・たべる
(3)ほし・ひかる

12 25・26ページ

1 (1)おなかが・すいた。
(2)りんごを・たべる。
(3)こづちを・ふる。
(4)はたけを・たがやす。
(5)いけに・とびこむ。
(6)あしを・すべらす。
(7)なかを・のぞく。
(8)うたが・きこえる。

2 ㋐

★ ★ ★

1 (1)ゆうやけは とても
きれいでした。
(2)ともだちと てつぼうで
あそびました。
(てつぼうで ともだちと
あそびました。)
(3)はまべで かいを
みつけました。
(かいを はまべで
みつけました。)

13 27・28ページ

1 (1)あ (2)お (3)う (4)い (5)え

★★★

1 (れい)

あ	さ	が	お	ぎ	こ	ど	も
り	ん	ご	も	す	く	ま	さ
た	き	あ	ち	み	ば	う	し
は	っ	ぱ	ゃ	れ	ん	ぞ	ん
が	て	ん	と	う	む	し	ぶ
き	じ	だ	ん	ご	ず	く	ん
ら	ず	あ	れ	ま	り	り	う
で	ん	し	ゃ	ぜ	す	い	め

てびき 他にも言葉はありますが、一年生のお子様に親しみのある言葉を中心に載せています。お子様がここにない言葉を見つけた場合も正解としてください。

14 29・30ページ

1 (1)き (2)おお (3)ちい

2 (1)サラダ (2)パン (3)ジャム (4)スープ (5)ゼリー (6)コップ

3 あめりか・ぴあの

★★★

1 (1)木 (2)大 (3)小

2 (1)サラダ (2)ゼリー (3)スリッパ

3 パンと プリンを たべる。

15 31・32ページ

1 (1)ひと (2)いっ (3)ふた (4)に (5)みっ (6)さん (7)よっ (8)よん (9)いつ (10)ご

2 (1)あよん いし (2)あいっ いいち

★★★

1 (1)一 (2)一 (3)二 (4)二 (5)三 (6)三 (7)四 (8)四 (9)五 (10)五

2 四がつ三かの 一じ。

16 33・34ページ

1 (1)むっ (2)ろっ (3)なな (4)なな (しち) (5)やっ (6)はっ (7)はち (8)ここの (9)きゅう (10)じっ (じゅっ)

2 (1)しち (なな)・とお (2)く・じゅうろく

★★★

1 (1)六　(2)六　(3)七　(4)七　(5)八
(6)八　(7)九　(8)九　(9)十　(10)十

2 (1)八　(2)六

17　35・36ページ

1 (1)こ　(2)そら　(3)せんせい
(4)おとこ　(5)おんな　(6)て
(7)てん　(8)あお

2 (1)センチ　(2)チャイム
(3)ノート　(4)ジャングルジム

★★★

1 (1)子　(2)空　(3)先生　(4)男
(5)女　(6)手　(7)天　(8)青

2 (「」を　つける　ことば)
(1)「さようなら。」
(2)「おはようございます。」

18　37・38ページ

1 (1)ぶん　(2)じ　(3)ただ　(4)み
(5)がっこう　(6)い　(7)さき

2 モルモット

3 モルモットの　からだには、
ふわふわの　けが　たくさん
はえて　います。

★★★

1 (1)文　(2)正・字　(3)見　(4)学校

2 (1)モノ・ール　(2)モン

3 (1)きょうは、こうえんへ
いきました。
(2)わたしは、しゅくだいを
しました。

19　39・40ページ

1 (1)やま　(2)みず　(3)あめ
(4)うえ　(5)した

2 (1)(あ)　(2)(あ)　(3)(あ)　(4)(い)　(5)(あ)

★★★

1 (1)山　(2)水　(3)雨　(4)上　(5)下

2 (1)上　(2)雨　(3)下　(4)山

3 山の　上は　雨だった。

20　41・42ページ

1 (1)ひ　(2)ひ　(3)た　(4)かわ
(5)たけ　(6)つき

2 (1)4(四)　(2)5(五)
(3)4(四)　(4)6(六)

3 (1)川　(2)火　(3)日

★★★

1 (1)日　(2)火　(3)田　(4)川　(5)竹
(6)月

2 (1)日　(2)火

3 竹やぶの　上に　月が　でる。

21 43・44ページ

1 (1)しゃ (2)ひと (3)あ (4)き

2 (1)ⓘ (2)ⓤ (3)ⓐ

3 (1)バ・ツ (2)クレ・ン
(3)ベッド

★★★

1 (1)車 (2)人 (3)上 (4)気

2 (1)クレーン (2)カード (3)バス
(4)タイヤ (5)トラック

22 45・46ページ

1 (1)ソース (2)カヌー (3)メロン
(4)ニュース (5)ホットケーキ
(6)ショベルカー

2 (1)ⓘ (2)ⓐ

★★★

1 (1)ケーキ (2)カヌー (3)ヨット
(4)シーソー (5)ヘルメット

2 (1)チョコレート (2)キャラメル

23 47・48ページ

1 (1)いとぐるま (2)めだま
(3)むら (4)お (5)しろ (6)ど
(7)おと

24 49・50ページ

1 (1)しょうがつ (2)はな
(3)むいか (4)なのか (5)あま
(6)だい (7)げつ (8)か

2 (1)ⓐにち ⓘか ⓤひ
(2)ⓐつき ⓘげつ ⓤがつ

★★★

1 (1)正月三日 (2)花

2 (1)四日 (2)五日 (3)六日
(4)七日

3 (1)月よう日に　大すきな　花を
見た。
(2)火よう日の　よるに　天の川を
見た。

1 (1)糸車 (2)目玉 (3)村 (4)下
(5)白 (6)土 (7)音

2 (1)くりくり (2)ぴょんぴょこ
(3)そっと

★★★

2 「いっしょに　あそぼう。」
と、こいぬが　いいました。

25　51・52ページ

1 (1)すい　(2)ようか（はちにち）
(3)やす　(4)むし　(5)もく　(6)かね
(7)きん　(8)つち

2 (1)6（六）　(2)8（八）

3 (1)ハイキング
(2)ロープウエー

★★★

1 (1)休　(2)虫　(3)金　(4)土

2 (1)九　(2)十　(3)八　(4)十一

3 (1)土　(2)水　(3)木　(4)金

26　53・54ページ

1 (1)ほん　(2)もり　(3)で　(4)なか
(5)まち　(6)じゅう　(7)はい

2 (1)(い)　(2)(あ)

3 (1)(い)　(2)(あ)　(3)(う)

★★★

1 (1)本　(2)森　(3)出　(4)中　(5)町
(6)中　(7)入

2 (1)女の子は　町に　出かけた。
(2)森の　中で　本を　よんだ。

27　55・56ページ

1 (1)あか　(2)う　(3)みみ　(4)おう
(5)くち　(6)いちねん　(7)た
(8)くさ

2 (1)しかく　(2)たらこ　(3)かもめ
(4)かばん

★★★

1 (1)赤　(2)生　(3)耳　(4)王　(5)口
(6)一年　(7)立　(8)草

2 (1)王さまに　赤ちゃんが　生まれる。
(2)立って、草の　ほうに　耳をすます。

28　57・58ページ

1 (1)な　(2)ゆう　(3)ごひゃくえん
(4)せんえん　(5)だ

2 (1)4（四）　(2)6（六）
(3)6（六）　(4)3（三）

3 (1)バナナ　(2)ピアノ

★★★

1 (1)名　(2)夕　(3)五百円　(4)千円
(5)出

2 (1)やさい　(2)花　(3)とり

29 59・60ページ

1 (1)ネクタイ (2)シャワー (3)オルガン

2 (1)あ (2)い (3)あ (4)い (5)あ

★★★

1 (1)ミシン (2)コーヒー (3)マフラー (4)オルガン (5)テーブル

2 (1)ワ リーム・ク (2)ドヲ イブ・ラ (3)ツ シャワー・シ (4)ヌ ケート・ス

30 61・62ページ

1 (1)いぬ (2)はや (3)か (4)とし (5)のぼ

2 (1)い (2)あ

3 (1)う (2)あ (3)い

★★★

1 (1)犬 (2)早

2 (1)いる (2)ある

3 (1)本 (2)かさ

31 63・64ページ

1 (1)かい (2)はやし (3)みぎあし (4)いし (5)もじ (6)ひだり (7)まな (8)ちから (9)たまい

2 (1)あ (2)あ

★★★

1 (1)貝 (2)林 (3)右足 (4)石 (5)左 (6)力

2 (1)人・入 (2)石・右 (3)草・早 (4)貝・見 (5)土・上 (6)字・学 (7)本・木 (8)玉・王

3 2 1 0 9 8 7 6 5 4 ＊＊DCBA